BIBLIOTHÈQUE NATIONALE

NOTICE

DES

OBJETS EXPOSÉS

DANS

LA SECTION DE GÉOGRAPHIE

Mai 1889

PARIS

TYPOGRAPHIE GEORGES CHAMEROT

19, RUE DES SAINTS-PÈRES, 19

1889

NOTICE

DES

OBJETS EXPOSÉS

DANS

LA SECTION DE GÉOGRAPHIE

BIBLIOTHÈQUE NATIONALE

NOTICE

DES

OBJETS EXPOSÉS

DANS

LA SECTION DE GÉOGRAPHIE

Mai 1889

PARIS

TYPOGRAPHIE GEORGES CHAMEROT

19, RUE DES SAINTS-PÈRES, 19

1889

NOTICE

DES

OBJETS EXPOSÉS[1]

DANS

LA SECTION DE GÉOGRAPHIE

ATLAS ET OUVRAGES GÉNÉRAUX

Isolario par Bartholomeo Zamberto detto da li Sonnetti (*Venetiis*, v. 1477). In-4. — 382.

Avec cartes gravées sur bois; — texte en vers.

Géographie de Francesco Berlinghieri (1480). 1 vol. in-fol. — 238.

L'un des premiers ouvrages qui contiennent des cartes gravées sur métal.

1. Les chiffres à la suite des articles indiquent les numéros des objets placés dans les différentes salles.

Salle I.	de 1 à 93
— II.	de 94 à 159
— III.	de 160 à 214
— IV.	de 215 à 257
— V.	de 258 à 388
Galerie Mazarine, Vitrine XIV. .	de 389 à 409
Vestibule.	de 410 à 443
Galerie des Chartes.	de 444 à 471

Ptolémée. — Géographie. *Ulm*, 1482. — 383.

Ptolémée. — Géographie. *Strasbourg*, 1513. — 362.

Cosmographicus liber Petri Apiani mathematici studiose collectus. 1524, in-4°. — 378.

Avec figures mobiles.

Astronomicum Cæsareum, par Apian. 1532, in-fol. — 377.

Ptolémée. — Géographie. *Venise*, 1548, in-8. — 361.

Les cartes de cette édition sont de Jacopo Castaldo.

Ortelius. — Theatrum orbis terrarum. *Anvers*, 1570, in-fol. — 231.

Exemplaire colorié.

Isolario par Gio-F° Camocio. *Venise*, 1571, in-4 oblong. — 360.

Recueil de cartes gravées auxquelles ont été ajoutées quelques cartes manuscrites.

Beschreibung und Contrafactur des vornembster Staedt der Welt. 1574, publié par Georges Braun. — 222.

Le privilège est du 28 août 1572. — Planches dessinées par Fr. Hogenberg, Simon Van den Noevel (Novellanus), George Hoefnagel et Corn. Chaymon.

Atlas universel par Gérard Mercator, 2e édition, revue et augmentée par Iudocus Hondius, 1607, in-fol. — 237.

Le Grand et nouveau Miroir ou Flambeau de la mer... traduit de flamand en français, par Paul Yvounet. *Amsterdam*, *H. Donker*, 1684, in-fol. — 223.

Atlas de géographie par d'Anville. — 230.

Sphère représentant le système de Ptolémée (mouvement du soleil et de la lune autour de la terre), XVIIe siècle. — 211.

Sphère représentant le système de Copernic (mouvement des planètes autour du soleil, etc.), XVIIe siècle. — 212.

GLOBES ET INSTRUMENTS

Globe céleste, arabe-koufique, en cuivre, XIe siècle. — 388.

Globe céleste arabe, en cuivre, fait à la Mecque au XVIe siècle. — 386 *bis*.

Globe céleste, par J. Senex, XVIIe siècle. — 273.
Faisant pendant au n° 258. (Voyez plus bas, p. 5.)

Globe céleste, par Deuvez, d'après Coronelli, portant pour titre : « Orbis cœlestis typus. Opus a P. Coronelli, min. convent. Serenissimæque Reipubl. Venetæ cosmographo, inchoatum, Societatis gallicæ sumptibus absolutum Lutetiæ Parisiorum. Anno R. S. MDCXCIII. Delin. Arnoldus Deuvez, Regiæ Acad. Pictor. Sculp. J. B. Nolin, Reg. chr. calcographus. » *Paris*, 1693. — 213.

Les noms sont en français, en italien, en latin et en grec. — Monté en bois, avec pied sculpté ; méridien en cuivre ; horizon en partie doublé en cuivre.

Sphère céleste, par J. Silbermann. Hémisphère boréal. — 370.

Globe terrestre, par Martin Behaim, 1492. — 28.

L'Amérique n'est pas figurée sur ce globe, dont l'original se trouve à Nuremberg.

Globe monté sur pied, de l'école de Jean Schöner, vers 1518. Manuscrit. — 242.

Cette pièce, rapportée d'Italie par feu M. le comte Riant, est une des plus précieuses de la Section de géographie. — Les globes de Schöner, reproduits par M. Jomard, offrent une ressemblance parfaite avec cette sphère, qui présente, pour l'histoire de la cartographie américaine, le plus grand intérêt.

Globe terrestre en cuivre du XVIe siècle, peut-être d'origine espagnole. Les noms sont en latin, le titre porte : « Nova et integra universi orbis descriptio. » — 387 *bis*.

Globe en bois, XVIe siècle. — 386.

L'Amérique et l'Asie sont réunies, la Californie n'existe pas, les grands lacs canadiens sont inconnus, etc. Cette pièce curieuse a été rapportée d'Italie par M. le comte Riant.

Globe terrestre, fait à Rouen au milieu du XVIe siècle. Les noms sont en latin; le titre porte : « Nova et integra universi orbis descriptio. *Rhotomagi.* » — 387.

Provenant de la bibliothèque de l'abbé Lécuy, à Bourges.

Globe ayant pour titre un avis aux lecteurs, ainsi conçu : « Lectori S. Quando quidem quotidiana diversarum nationum... Auctore Arnoldo Florentio à Langren, Reg. cat. maj^tis cosmographo et pensionario. » — Monté en bois; méridien en cuivre. Nombreuses légendes en latin relatives aux productions, aux mœurs et aux découvertes; et plusieurs cartouches représentant les peuples, les personnages allégoriques et les productions, XVIe siècle. — 173.

Globe terrestre, par J. Senex. Globe monté en bois. Méridien en cuivre. (Philosopho ac geometræ summo D^o Isaaco Newtono, Equiti, Regalis Societatis Londini ad Scientias promovendas institutæ Præsidi dignissimo, ejusdemque consilio et sodalibus hos globos qua par est humilitate D. D. C. Johannes Senex.) *Londres,* XVIIe siècle. — 258.

Globe terrestre par Vincenzo Coronelli, 1688. — 214.

Globe terrestre par J. et W. Newton. *Londres,* 1818. — 260.

Sphère terrestre en creux par J. Silbermann. Hémisphère austral. — 369.
Avec courbes isothermiques.

Sphère terrestre en creux par J. Silbermann. Hémisphère boréal. — 374.
Avec courbes isothermiques.

Sphère terrestre en creux, par Joseph Silbermann. Hémisphère boréal, XIXe siècle. — 243.

Sphère terrestre en creux, par Joseph Silbermann. Hémisphère austral, XIXe siècle. — 241.
Dons de M. Silbermann.

Région polaire boréale par K. W. Kummer. Relief. — 180.

Hémisphère terrestre septentrional dressé par P. J. Jager. — 172.

Globe terrestre par Adami et H. Kiepert, 1867. — 71.

Astrolabe arabe en cuivre, IVe siècle de l'Hégire. — 376.

Astrolabe arabe, avec caractères koufiques, fait à Séville, l'an 615 de l'Hégire. — 389.

Astrolabe arabe de cheik Ali Ben Mohammed. — 390.

Astrolabe arabe d'origine persane, avec une prière chiite en exergue, ayant appartenu à Mohammed Mahdi (dynastie des Sofis), en cuivre. — 371.

Astrolabe par Georges Hartman, en cuivre. *Nuremberg,* 1526. — 373.

Astrolabe, par G. Hartman, en cuivre. *Nuremberg,* 1526. — 368.

Astrolabe allemand, XVIIe siècle. — 392.

Astrolabe (Franciscus Chassignett fecit Romæ anno Domini 1622). — 391.

Sur la patte à laquelle est fixé le style on lit : « Le Febvre » et en dessous : « à Paris », ce qui nous porterait à croire que cet astrolabe, fait à Rome, a été complété ou remis à neuf à Paris, d'autant plus que l'ornementation n'est pas homogène.

Appareil cosmographique en cuivre, destiné à être mû par un mécanisme d'horlogerie. Surmonté d'ornements dorés qui représentent les attributs de la géographie, de l'astronomie et de la royauté des Bourbons. Par Thuret, XVIIe siècle. — 159.

Sur une face, ce planisphère représente les constellations boréales, les signes du zodiaque et la correspondance de ces signes avec les heures et les jours. Sur l'autre face, il représente le mouvement des planètes autour du soleil.

Appareil cosmographique, par Thuret, XVIIe siècle. — 41.

Rapport des jours, des mois et des années, mû par un mécanisme d'horlogerie.

Armille portant les heures, les signes du zodiaque et les degrés de latitude. — 388 *bis*.

Boussole chinoise. — 379.

Boussole chinoise. — 375.

Cadran solaire avec boussole en cuivre. — 381.

Au dos se trouve gravée une figure de guerrier romain, au-dessus de laquelle on lit : « Ivpider », sur un arbre on lit la date « 1560 ».

Cadran solaire cylindrique, XVIIe siècle. — 366.

Instrument de déclinaison avec cercle horaire, en cuivre. — 372.

Zodiaque arabe (moulage en plâtre). — 367.

MAPPEMONDES ET PLANISPHÈRES

Système solaire, par V.-E. Frege. — 402.

Circuli spheræ cum v zonis. In-8°, xvie siècle. — 364.

Table de Peutinger. — *Augustæ Vindelicorum, M. Velserus.* — 14.

Fac-similé de la Mappemonde insérée dans un commentaire de l'Apocalypse écrit dans l'abbaye de Saint-Sever en Gascogne au xie siècle. — 200.
L'original se trouve au Département des Manuscrits.

Mappemonde d'Edrisi, milieu du xiie siècle, fac-similé. — 21.
L'original appartient au Département des Manuscrits.

Mappemonde de la cathédrale de Hereford, par Richard de Haldingham (ou de Bello), vers 1300. Fac-similé fait en 1841. — 179.

Mappemonde de Fra Mauro, 1459. Photographié sur l'original de Venise par Naya. — 182.
Don de M. Marcuse.

Petit portulan des côtes de l'Océan, de la Manche et de la mer du Nord, précédé d'un calendrier perpétuel et de tableaux des longitudes, le tout à l'usage des Bretons. Impression xylographique, de 11 feuillets, sur vélin, de la première moitié du XVIe siècle, mais postérieure à la fondation du Havre, qu'on y voit mentionné sous la dénomination de « Hableneuf ». — 380.

Mappemonde en 12 fuseaux donnant l'itinéraire de Magellan par J. Schöner (?), accompagnant l'ouvrage qui a pour titre : « De nuper sub Castiliæ ac Portugaliæ regibus sereniss. repertis insulis ac regionibus... epistola et globus geographicus. » *Timiripæ,* 1523. Reproduction héliographique. — 115.

Globe terrestre en fuseaux, XVIe siècle. — 161.

Le nom de la ville d'Ingolstadt, la seule, avec Saint-Jacques de Compostelle, qui soit marquée sur l'Europe, a donné lieu de croire que cette carte était due à Apian, et la notice sur le bois de gayac qu'on lit à propos de l'île de Cuba en reporte la date vers 1518. De cette sphère on ne connaît d'autres exemplaires que celui du général Holub, aujourd'hui possédé par le prince de Lichtenstein, et celui du prof. Nordenskiöld, qui l'a fait reproduire.

Mappemonde par Sébastien Cabot, 1544. — 82.

Seul exemplaire connu d'une carte sur laquelle on peut consulter l'ouvrage de M. H. Harrisse relatif à Cabot.

Mappemonde peinte sur parchemin, connue sous le nom de carte de Henri II, par Pierre Desceliers à Arques, 1546. — 261.

Fac-similé d'une carte originale, appartenant à lord Crawford et de Balcarres et dont la date et le nom de l'auteur ont été découverts par M. H. Major.

Mappemonde ayant pour titre « Universale » et ainsi signée : « Giacomo cosmographo in Venetia, 1546. » — 70.

Cette belle carte, très bien conservée, est due à l'habile et fécond cartographe piémontais Castaldo ou Gastaldi.

Mappemondes céleste et terrestre en fuseaux avec équateurs, par François de Mongenet. Milieu du XVIe siècle. — 160.

Sur cette pièce et sur l'article suivant, voir une notice de M. G. Marcel dans le *Bulletin de géographie historique et descriptive*, janvier 1889.

Reproduction héliographique de deux mappemondes céleste et terrestre, gravées sur bois, de François de Mongenet, 1552. — 166.

Planisphère en deux hémisphères cordiformes; Rome, Ant. Sal. (Salamanca?). Milieu du XVIe siècle. — 112.

Mappemonde de J. Gastaldi mise à jour par Paulo de Furlanis (Forlani). *Venise, F. Camocio*, 1560. — 141.

Mappemonde, par Giovanni Andrea Vavassore dit Vadagnino. Milieu du XVIe siècle. — 244.

Mappemonde portugaise, et non pas espagnole comme on l'a cru jusqu'ici, en 24 fuseaux, sur parchemin. Milieu du XVIe siècle. — 95.

Mappemonde cordiforme, par Oronce Finé; gravée par Joannes Paulus Cimerlinus, 1566. — 121.

Mappemonde, par Gérard Mercator. *Duysbourg, août* 1569. — 65.

Peut-être le seul exemplaire connu.

Mappemonde, par Hondius, 1570; gravée par Fr. Hogenberg. — 64.

Mappemonde sur une projection sinusoïdale, par Jehan Cossin, de Dieppe, 1570. Manuscrit. — 176.

Mappemonde, par Rumold Mercator, 1587. — 69.

Globe terrestre planisphérique d'Ottavio Pisani (Anvers, vers 1610). — 30.

Mappemonde en deux hémisphères, projections australe et boréale. Fin du XVIe siècle. — 63.

Mappemonde en deux hémisphères, par I. C. Visscher. *Amsterdam, N. Visscher.* — 267.

Mappemonde chinoise faite par l'ordre et pour l'usage de l'empereur Khanghi, 1674. — 207.

Mappemonde en deux hémisphères. XVIIIe siècle. — 345.

Hémisphère austral, carte de la fin du XVIIIe siècle. — 398.

Globe terrestre, XIXe siècle. Manuscrit. — 177.

PORTULANS

Portulan représentant la Méditerranée, dit carte Pisane, XIVe siècle. — Manuscrit sur parchemin. — 444.

Fac-similé, tiré à petit nombre, du portulan d'Angelicus Dulceri daté de Majorque août 1339. — 137.
Prototype de la carte Catalane de 1375.

Portulan représentant la Méditerranée, une partie de l'Europe, de l'Afrique et de l'Asie, par François Pizigano et Dominique-Marc Pizigano. Venise, 1367. Manuscrit. — 171.
Fac-similé de la carte originale qui se trouve à la bibliothèque ducale de Parme.

Fac-similé de la carte Catalane de 1375, publié par D. Rosenberg, 1843. — 196.

L'original se trouve au Département des Manuscrits. Dans le bas de la carte il faut remarquer la curieuse légende qui enregistre le voyage de Jacques Ferer en 1346 à la rivière de l'Or.

Portulan représentant l'Europe et partie de l'Asie et de l'Afrique, avec les pavillons des divers États et de nombreuses figures ; il porte cette légende : « Mecia de Viladestes me fecit in ano 1413. » Manuscrit sur parchemin. — 445.

Cette carte est écrite en catalan. Comme la carte Catalane de 1375, elle mentionne l'arrivée de Jacques Ferer à la rivière de l'Or, en Afrique, le 10 août 1346.

Portulan représentant la Méditerranée, avec la légende suivante : « 1422, mensse junii, die primo, Jachobus de Giroldis Veneciis me fecit. » Manuscrit sur parchemin. — 446.

Carte du bassin de la Méditerranée et de l'Europe jusqu'au Danemark avec la légende suivante : « Petrus Roselli composuit hanc cartam in civitate Maioricarum anno Domini 1463. » Manuscrit sur parchemin. — 447.

Portulan de la Méditerranée : « Gratiosus Beninchasa Anconitanus composuit Veneciis anno Domini 1466. » Manuscrit sur parchemin. — 406.

Atlas de l'Europe et de l'Afrique septentrionale.

Ainsi signé : « Gratiosus Benincasa Anchonitanus composuit Rome anno Domini 1467. » Manuscrit sur parchemin. — 224.

Portulan de la Méditerranée, de l'Europe et du nord de l'Afrique, avec cette légende : « Guillmo Soleri, civis Maioricarum, me fecit. » Vers 1380. Manuscrit sur parchemin. — 449.

Carte du bassin de la Méditerranée et de l'Europe, xve siècle (?). Manuscrit sur parchemin. — 450.

Fac-similé de la carte du monde connu, faite par Juan de la Cosa dans le port de Santa-Maria en 1500. — 193.

Publié par M. Jomard dans ses *Monuments de la géographie;* l'original est à Madrid.

Fragment du planisphère envoyé de Lisbonne à Hercule d'Este, duc de Ferrare, avant le 19 novembre 1502, par Alberto Cantino. Reproduction par Pilinski pour le « Cortereal » de M. H. Harrisse. — 31.

Reproduction par W. Griggs, de Londres, de la carte du musée de la Propagande connue sous le nom de carte Borgienne, faite par Diego Ribero à Séville en 1529. — 29.

On trouvera sur cette carte une notice du Dr Hamy dans le *Bulletin de géographie historique et descriptive*, 1887, n° 1.

Portulan représentant l'Europe, avec une grande partie de l'Afrique et de l'ouest de l'Asie; un cartouche donne l'ensemble du monde connu. — Commencement du XVIe siècle. Derrière la carte sont dessinés divers animaux. Manuscrit sur parchemin. — 452.

Portulan portugais, représentant l'Amérique méridionale. Commencement du XVIe siècle. — 467.

Portulan italien, représentant une partie de la Méditerranée, l'Archipel et la Grèce, XVIe siècle. Manuscrit sur parchemin. — 469.

Portulan italien du bassin de la Méditerranée, avec les côtes occidentales de l'Europe, XVIe siècle. Manuscrit sur parchemin. — 470.

Portulan représentant une partie de l'Europe, l'Afrique occidentale, l'Amérique du Sud jusqu'à la Plata et dans l'Amérique du Nord ce qui correspond à Terre-Neuve et au golfe Saint-Laurent. « Gaspard Viegas. Dato 1534. » Manuscrit sur parchemin. — 452.

Portulan portugais représentant le bassin de la Méditerranée et partie de l'Europe. Manuscrit sur parchemin. — 453.

Une ancienne inscription collée au dos, mais que nous avons tout lieu de croire erronée, attribue cette carte à G. Viegas, 1534.

Atlas signé : « Baptista Agnese Januensis fecit Venetiis anno Domini 1543, die 25 junii. » Manuscrit sur parchemin. — 405.

Portulan de la Méditerranée avec la légende suivante : « Vesconte de Maiollo composuit hanc cartam in Janua anno Domini 1547, die 27 octobris. » Manuscrit sur parchemin. — 454.

Photographie d'une carte du monde « faicte à Arques par Pierre Desceliers, prebstre, 1553 », appartenant à l'abbé Bubicz et exposée en 1875 aux Tuileries. — 92.

Portulan de la Méditerranée. Signé : « Diegus Homem cosmographus me fecit anno salutis 1559. » Manuscrit sur parchemin. — 404.

(Voir page 34, la notice du n° 2.)

Atlas italien. Milieu du XVIe siècle, mais antérieur à 1560. Manuscrit sur parchemin. Sans date. — 407.

Planisphère, avec la légende suivante : « A Dieppe par Nicolas Desliens, 1566. » Manuscrit. — 448.

Orienté le nord en bas.

Portulan de la Méditerranée, XVIe siècle. Manuscrit sur parchemin. — 463.

Portulan de l'Archipel, XVIe siècle. Manuscrit sur parchemin. — 464.

Portulan représentant la partie occidentale de la Méditerranée avec les îles Britanniques et le nord de l'Afrique. Manuscrit sur parchemin. — 465.

Portulan portugais représentant les côtes occidentales d'Europe et d'Afrique et l'Amérique depuis Terre-Neuve jusqu'à la Plata, XVIe siècle. Manuscrit sur parchemin. — 466.

Carte des environs de Rio de Janeiro avec la légende suivante : « Le vrai pourttraict de Geneure et du cap de Frie. Jacques de Vau de Claye. » Manuscrit sur parchemin. — 456.

Carte de la partie de la côte orientale de l'Amérique du Sud entre l'Amazone et le rio San Francisco occupée par les Français, avec la légende suivante : « Jacques de Vaudeclaye m'a faict en Dieppe, l'an 1579. » Manuscrit sur parchemin. — 457.

Portulan représentant la Méditerranée, avec la légende suivante : « Bartolome Olives mallorquin En Missina En el Castillo del Saluador año 1584. » — 459.

Portulan de la Méditerranée, avec la légende suivante : « Matheus Prunes in civitate Maioricarum, 1588. » Manuscrit sur parchemin. — 458.

Portulan représentant le bassin de la Méditerranée, l'Europe et le Nord de l'Afrique, avec la légende suivante : « Don Domingo de Villaroel, cosmographo de su Magestad, me fecit in civitate Neapolis, 1589. » Manuscrit sur parchemin. — 460.

Atlas portugais, fin du XVIe siècle. Manuscrit sur parchemin. — 408.

Bassin de la Méditerranée, avec cette légende : « Vin^us Demetrei Volcius Rachuseus fecit in terra Liburni, mensis Februarii 1598. » Manuscrit sur parchemin. — 461.

Portulan de l'océan Indien, de l'Insulinde et des côtes d'Asie jusqu'au Japon, avec la légende suivante : « Bij mij Evert Gysberts sonn caert schrijver tot Edam, 1599. » Manuscrit sur parchemin. — 462.

Avec un plan à grande échelle de la baie d'Antongil.

Portulan de la Méditerranée, fin du XVIe siècle. Manuscrit sur parchemin. — 471.

École d'Oliva.

Carte du bassin de la Méditerranée ainsi signée : « Franciscus Oliva fecit in nobile ulbe (*sic*) Messane anno 1603. » — 227.

Planisphère du monde connu, par Harmen et Marten Iansz cartographes. Tot Edam, 1610. Manuscrit. — 197.

Splendide carte sur parchemin enrichie de nombreuses peintures, fort curieuse pour les renseignements géographiques qu'elle fournit sur la côte orientale d'Amérique, la Nouvelle-Guinée et l'Australie.

Portulan représentant l'Amérique et partie de l'Europe et de l'Afrique, par Domingo Sanches. *Lisbonne*, 1616. Manuscrit sur vélin. — 111.

Portulan représentant le bassin de la Méditerranée signé : « Fecit hanc chartam Petrus Cornetus anno salutis 1618. Tot Rotterdam. » Manuscrit sur parchemin. — 225.

Portulan représentant l'ouest de l'Europe et de l'Afrique, signé : « Salvator Oliva fecit in civitate Marsiliæ, anno 1631. » Manuscrit sur parchemin. — 226.

L'une des nombreuses cartes dues à la famille majorcaine des Olives qui, en s'établissant en Italie, puis en France, ont changé leur nom en Oliva. Voyez plus haut, p. 18 et 19, et plus bas 21.

Bassin de la Méditerranée ; signé : « Placidus Caloiro et Oliva fecit in nobili urbe Messane, anno 1631. » Manuscrit sur parchemin. — 228.

Planisphère en latin, par N. I. Piscator (Visscher), 1639. — 94.

Portulan français représentant l'ouest de l'Europe et le nord-ouest de l'Afrique. Parchemin, XVIIe siècle. — 220.

En comparant ce portulan avec le suivant, on s'aperçoit facilement qu'il est également de la main d'un cartographe français établi à Venise : J. F. Roussin.

Portulan français représentant la Méditerranée « faict à Venetia par J. F. Roussin 1669 ». Manuscrit sur parchemin. — 221.

Planisphère en anglais, sans nom d'auteur, très finement gravé. Milieu du XVIIe siècle. — 103.

Moitié du planisphère publié à Amsterdam par Pieter Goos (Amérique et côte occidentale d'Afrique), XVIIe siècle. — 78.

Carte particulière de la mer Méditerranée, faite à Marseille par François Oliva en 1662. Manuscrit sur parchemin. — 194.

Planisphère ayant pour titre : « Carte universelle du commerce, avec les routes pour la navigation des Indes occidentales et orientales, par P. Du Val. » *Paris*, 1674. — 62.

AFRIQUE

Carte d'Afrique, par Paulo Florani de Vérone. — 73.
La dédicace est datée du 9 mai 1562.

Carte d'Afrique, par Niccolo Nelli, 1564. — 324.

Carte de l'Afrique, par P. Bertius. 1640. — 123.
Bertius était géographe de Louis XIII.

Carte d'Afrique, par Guillaume Delisle, 1722. — 202.
C'est à G. Delisle qu'on doit la réforme de la géographie de l'Afrique. En effet, des grands lacs, le Maravi est seul indiqué sur cette carte tirée en vert.

Relief de l'Afrique, par Kummer. — 270.

Côte orientale d'Afrique, dessinée et gravée par Arnold F. de Langren, cosmographe de Charles-Quint et de Philippe II. — 68.
On trouvera de curieux détails biographiques sur Langren dans la *Bibliotheca maritima española* de F. de Navarrete.

Carte de la route d'Alger à Aumale, avec l'indication des lieux de bivouac des troupes de passage, 1851. Manuscrit. — 98.

La Ville d'Angra dans l'île de Tercère, par Joannes Hugonius a Linschoten, 1595. — 120.
Gravé par « Baptista a Doetechum ».

Carte du royaume du Congo, avec partie du cours du fleuve. *Amsterdam*, fin du XVIe siècle. — 124.

Carte topographique de l'Égypte, levée pendant l'expédition de 1798, construite par le colonel Jacotin et publiée au Dépôt de la guerre ; feuille de Syrie. — 403.

Peintures et dessins originaux représentant des monuments, des paysages et des personnages égyptiens. Expédition de 1798. — 410 à 443.

Portraits des membres de l'expédition d'Égypte, par Du Tertre, 1798. Manuscrits. — 215.

Ile Dauphine ou Madagascar, 1731, par Grossin, donnant l'étendue des pays soumis à la France sous les règnes de Louis XIII et Louis XIV. Manuscrit. — 287.

Cette carte a été reproduite avec un Mémoire inédit de Grossin sur Madagascar, publié par M. G. Marcel dans la *Revue de géographie*, 1883.

Carte de la colonie du Sénégal, par Barbié du Bocage. Juin 1788. — 163.

Ile de Ténériffe, par Sabin Berthelot, 1846. Relief. — 184.

Plan du Caire, XVIe siècle. — 7.

Plan de la ville du Cap-de-Bonne-Espérance et environs, par M. B. C. T. décembre 1770. — 332.

Tripoli de Barbarie, XVIe siècle. — 323.

AMÉRIQUE

Amérique. La table des Isles neufves..., par Seb. Munster, vers 1540. — 126.

Carte de l'Amérique, avec partie de l'Europe et de l'Afrique, par Ferando Berteli. — 150.

Nouveau Monde, par N. Nicolaï du Dauphiné, géographe du roi, XVIe siècle. — 151.

Extrait de la traduction de l'*Arte de navegar* de Pedro de Medina.

Amérique du Nord et Nouvelle-France. *Venise, Zalteri*, 1566. — 131.

Amérique du Nord, côtes orientales; feuille de la mappemonde de Van den Eynde, XVIe siècle. — 304.

Amérique par Iudocus Hondius, achevée de graver à Paris par N. Picart au mois d'août 1644. — 74.

Amérique du Nord, relief par Kummer. — 259.

Carte de la Louisiane donnant les routes de Benard de Laharpe, dressée par le sieur de Beauvilliers. *Paris*, 1720. Manuscrit. — 245.

Carte des côtes de Terre-Neuve comparée avec celles de

la carte de Popple, par Ph. Buache, 1736. — 346.
Gravée en deux couleurs.

Vue de la ville de Louisbourg (Canada) prise en dedans du port, 1731, par Verrier fils. Manuscrit. — 48.

Vue de Québec et cours du Saint-Laurent en face de la ville, par Mahier, 15 octobre 1729. Manuscrit. — 133.

Amérique centrale et Amérique du Sud, par Théodore de Bry, 1624. — 284.

Carte de l'isthme de Panama par A. O. Exquemelin (*sic*), 1686. — 297.

Carte particulière de l'isthme de Panama, golfe du Darien, côte de Carthagène jusqu'à Sainte-Marthe par d'Anville. Manuscrit, avril 1730. — 299.

Le Golfe du Mexique et les Antilles, par Lartigue. Relief. — 195.

Un des premiers spécimens de ce genre de travaux.

Carte du débouquement de Crocdellant ou des Anglais, par Alexandre Maupin, vers 1730. Manuscrit. — 286.

Vue panoramique de l'île de la Martinique, par Romain de Hooghe. — 357.

Carte de l'île de la Martinique, par Philippe Buache, 1730. — 253.

Tiré sur parchemin.

Vue du Fort Royal de la Martinique, XVIIIe siècle. — 155.

Ville et rade du fort Saint-Pierre de la Martinique levés en 1734 par Romain. — 356.

Plan de la ville des Cayes dans l'île de Saint-Domingue, par R. Phelipeau, 1786. — 396.

Plan de la ville et de la baye du Fort-Dauphin dans l'île Saint-Domingue. *Paris, Phelipeau*, 1786. — 295.

Carte de l'Amérique méridionale (tutto il Peru), par Paolo di Forlani de Vérone ; XVIe siècle. — 317.

Relief de l'Amérique méridionale, par K. W. Kummer. — 359.

Côtes du Brésil. « Descripcão de todo o maritimo da terra de Santa Cruz chamado vulgarmente o Brazil, por Joao Teyxeira cosmographo de sua Maiestade, anno 1640. » Manuscrit, vol. in-4°. — 248.

Peru. Milieu du XVIe siècle. — 149.

Précieuse carte française. Nous reproduisons pour sa naïveté la légende suivante : « Cette contrée soubz l'équateur n'a voisins plus proches que l'on congnoisse que les cruelz Canibales vivans de chair humaine qui la bornent du costé d'Orient. De la partie du midy confine à l'Amérique 4e partie du monde. Or il n'a esté possible de vous faire un portraict de description plus parfaicte par imparfaicte cognoissance. Touttefoys j'ay pensé qu'en attendant mieulx, encores aimeriez vous mieux peu que rien. »

Carte de la rivière des Amazones, original de la main du P. Samuel Fritz, jésuite allemand, levée par lui en 1689 et 1691 ; déposée, le 27 décembre 1752, à la Bibliothèque du Roi par La Condamine. Manuscrit. — 45.

Port de Porto-Bello. Desbrulins sculps. (vers 1750). — 298.

Plan de la baye de Carthagène. *Paris, N. Bailleul*, 1741. — 296.

Colonie de Surinam, par Carl Rath à Heilbronn. Relief. — 32.

Carte du détroit de Magellan, de la Terre de Feu et du détroit de Lemaire, XVIIe siècle. Manuscrit. — 353.

ASIE

Asie, par Kœrius, 1614. — 117.

Relief de l'Asie, par Kummer. — 262.

Royaume d'Annam comprenant les royaumes de Tonkin et de la Conchinchine dessiné par les Pères de la Compagnie de Jésus. *Paris, P. Mariette,* XVIIe siècle. — 289.

Ceylon. *Amsterdam, J. et G. Lootsman,* XVIIe siècle. — 77.

Chine, XVIIe siècle. — 113.

Carte d'une partie de la province de Sze-chuen, par Klaproth. Manuscrit. — 292.

Vue cavalière de l'île de Po-tou (Chine), en chinois. — 206.

Don de M. Natalis Rondot.

Carte du Thibet, exécutée à l'Imprimerie royale, avec des caractères typographiques, XIXe siècle. — 300.

Don de M. Mohl.

Carte de l'Inde anglaise, par Arrowsmith, 1822. — 397.

Plan de la ville de Cochin, en hollandais, 1663. — 90.

L'Indoustan, la presqu'île de Malacca et le Cambodge, carte portugaise du XVIe siècle. — 312.

Carte du Japon, en japonais. — 401.

Carte des Missions des PP. de la Compagnie de Jésus

dans le Maduré et royaumes circonvoisins, XVIIe siècle. — 288.

Palestine, gravée à Venise par Ferando Berteli, 1563. — 75.

Carte du royaume de Siam et pays voisins, par le R. P. Placide, augustin déchaussé, XVIIe siècle. — 96.
Avec la route suivie par l'*Oiseau*, vaisseau qui porta à Siam le chevalier de Chaumont.

OCÉANIE

Ile de Java, par Adrien Reland. *Amsterdam, G. Van Keulen,* XVIIe siècle. — 83.

Carte des îles Philippines, par Pedro Murillo Velarde, gravée par Nicolas de la Cruz Bogay, 1744.— 321.

Vue de Manille, XVIIe siècle. — 97.

Archipel des îles Salomon, avec les routes de Mendana et de Mendana et Quiros. *Amsterdam, Gérard Van Keulen*. Manuscrit. — 79.

ALLEMAGNE, AUTRICHE-HONGRIE, ETC.

Allemagne; tiré de la chronique de Stumpf, 1548. — 164.

Carte d'Allemagne, par Jacopo di Gastaldi. *Venise, D. Bertelli*, 1559. — 309.

Allemagne, par Gastaldi; publié par Paulo Forlani, 1572. — 85.

Limites et description du pays de Germanie, XVIe siècle. — 80.

Allemagne, par K. W. Kummer à Berlin. Relief. — 191.

Archiduché d'Autriche, par Wolfgang Lazius. *Paris, V. Langlois*, XVIIe siècle. — 86.

Carte de Bavière, publiée par Paulo Forlani, 1566. — 283.

Bohême, dessinée par Egidius Sadeler, gravée par Petrus Kœrius, publiée par Joannes Janssonius, 1620. — 234.

Royaume de Bohême, par l'Institut militaire géographique de Vienne, 1865. — 393.

Grande carte de la Dalmatie, par l'Institut militaire de Vienne, 1861-1863. — 385.

Hongrie par Pyrrho Ligorio; gravé par Sebastianus a Regibus. *Rome*, *M. Tramezini,* XVIe siècle. — 301.

Nord-ouest de la Hongrie par l'État-major autrichien. — 395.

Duché d'Oswiecim. *Venise*, 1563. — 311.
« Sta. Por. pinxit. »

Relief du Würtemberg, par Karl Rath. — 384.

Cours du Rhin, par Théodore de Bry, 1594. — 49.
Avec notice en latin, en français et en allemand.

Carte topographique d'une partie du cours du Rhin et du Main, XVIIIe siècle. Manuscrit. — 274.

Panorama du Rhin, de Cologne à Coblentz, par Bauerkeller. — 183.

Environs de la mine de Berge Stœdte, par Al. Ch. Besson. Manuscrit. — 350.
Exposé au Salon de l'an VIII sous le n° 31.

Plan du canal navigable de Bromberg mettant en communication la Netz, la Brah et la Vistule. Fin du XVIIIe siècle. Manuscrit. — 66.

Plan de Cologne, gravé par Eirerhardt Goffart et dessiné par Schott, vers 1660. — 22.

Avec les blasons des divers bourgmestres.

Carte du territoire de Francfort-sur-le-Mein, par Jean et Corneille Blaeu, XVIIe siècle. — 239.

Belle carte avec les armes des bourgmestres.

Plan du fort et de la ville de Hombourg avant sa démolition, près et dans le duché des Deux-Ponts, fin du XVIIIe siècle. Manuscrit. — 277.

Le Niederwald, par l'Institut géographique de Francfort, 1839. Relief. — 35.

Salzbourg et environs, par Henry de Naumann, 1729. Manuscrit. — 6.

Plan et vue perspective.

Stuttgart et environs, par Carl Rath, à Tübingen. Relief. — 61.

Le Taunus et Francfort, par Ravenstein, 1833. Relief. — 53.

Wildbad, Teinach et leurs environs, par Carl Rath, à Heilbronn. — 40.

ILES BRITANNIQUES

Iles Britanniques (*Anglorum studio et diligentia*). *Rome*, 1546. — 138.

Nouvelle description d'Angleterre par Seb. Munster. *Paris, imp. de H. Gourmont*, 1548. — 147.

Iles Britanniques, 1556. — 146.
Carte italienne.

Atlas des comtés d'Angleterre, par Ch. Saxton. 1579. — 229.
Exemplaire colorié et doré.

Carte des îles Britanniques. *Amsterdam, J. Hondius*, XVIIe siècle. — 3.
Avec plans de villes et costumes.

Ile de Clare, par W. Bald. Relief. — 178.

Cours de la Tamise, par Tombleson, XIXe siècle. — 203.

EUROPE

Europe, par Bartholomeo Musino. *Anvers, Ger. de Jode*, 1560.
Carte orientée le nord en bas.

Carte d'Europe. *Venise, J. Fr., Camocio*, 1568. — 333.

Carte d'Europe, par Diego Homem. *Venise, P. Forlani*, 1569. — 2.

La seule carte gravée de Homem que l'on connaisse, encore le nom de l'auteur a-t-il été dissimulé au milieu de la dédicace.

Europe, par Sébastien Munster. Milieu du XVIe siècle. — 3.

Orientée le nord en bas.

Cours des principaux fleuves et rivières de l'Europe; composé et imprimé par Louis XV... en 1718. *Paris, dans l'imprimerie du cabinet de S. M.* 1718, in-8. — 363.

Europe, par K. W. Kummer. Relief. — 36.

ESPAGNE ET PORTUGAL

Carte de la péninsule ibérique, dédiée à Philippe II et à Marie d'Angleterre. *Londres, Th. Geminus*, 1555. — 8.

Péninsule ibérique. *Venise, D. Zenoi*, 1560. — 257.

Carte de Catalogne, par le comte de Darnius, gravée à Barcelone par Marcos Lomelin en 1726. — 87.

Encadrée par les plans des principales places fortes de la province.

Carte du Guipuzcoa, par Roussel, XVIIIe siècle. Manuscrit. — 264.

Carte de la Navarre, par J. Schorquens, XVIe siècle. — 335.

Carte du royaume de Valence, par le P. Fr. Ant. Cassaus, de la Compagnie de Jésus, 1693. — 88.

Baie de Cadix. Manuscrit, fin du XVIIe siècle. — 291.

Plan de Gibraltar, par Barbié du Bocage. Manuscrit de la fin du XVIIIe siècle. — 17.

Plan de Madrid, par D. Pedro Texeira, 1656. — 139.

Plan de l'Alcazar ou palais royal de Madrid, par Théodore Ardemanus, premier architecte du Roi, 1705. Manuscrit. — 186.

Plan géométrique et historique de Madrid, gravé par N. Chalmandrier, 1761. — 174.

Description du royaume de Portugal (Juan Schorquens fecit); XVIe siècle. — 130.

FRANCE

France, Péninsule ibérique et partie de l'Italie signée E. V. (Enea Vico?) 1542. — 142.

Une des plus anciennes cartes de la France.

France, par Seb. Munster, milieu du XVIe siècle. — 125.

Carte de France (la Franza), 1553. — 351.

France et pays voisins, par Pyrrho Ligorio. *Rome, M. Tramezini*, 1558. — 134.

Carte de France, par Jean Jolivet, vers 1560. — 119.

Carte de la France, avec la légende suivante : « Du labeur de P. Hamon Blœsien, escrivain du roy et secr. de sa chambre, 1568. » Manuscrit. — 455.

Vraye et entière description du royaume de France, par Guillaume Postel, 1570. — 233.

Carte de France, par Jean Jolivet, 1570. — 205.

France, 1589. — 157.

France, par Judocus Hondius. *Amsterdam*, 1600. — 135.

France, par Pierre Plantius. *Anvers, Th. Gallæus*, vers 1606. — 107.

Carte de France, par Fr. de La Guillotière. *Paris, J. Le Clerc*, 1613. — 44.

Carte ecclésiastique, contenant la description des archevêchés et évêchés du royaume de France, dédiée à Messieurs de l'assemblée générale du clergé par le sieur Des Bleyns dauphinois, 1624, gravé par H. Lempereur. — 256.

L'Empire françois. *Paris, M. Tavernier*, 1637. — 240.

Théâtre des Gaules ou descriptions générales et particulières de toutes les provinces du royaume... *Paris, J. Boisseau*, 1642. — 246.

Ce n'est en réalité qu'une nouvelle édition, augmentée, de l'atlas publié à Tours par Bouguerauld en 1592.

Carte de France, par Nicolas Berey, 1645. — 51.

Atlas des gabelles de France, par le sieur Sanson fils, 1665. Manuscrit. — 247.

Carte générale de la France divisée par généralités, par d'Anville, 1726. Manuscrit. — 232.

Carte des montagnes, des rivières et des canaux faits et à faire en France, par Gauthey. Manuscrit. — 188.

Carte de France dédiée au Roi par les directeurs et associés de la carte de France, par M. Capitaine, ingénieur géographe du Roi, 1790. — 399.

Carte géologique de la France, par Dufrénoy et Élie de Beaumont, 1840. — 272.

France, par K.-W. Kummer. Relief. — 269.

Plan d'Arcis-sur-Aube; XVIIe siècle. Manuscrit. — 344.

Carte de l'Authie et des bois de Vaux, XVIIIe siècle. Manuscrit. — 5.

Tracés proposés pour la route d'Autun au Mont-Cenis, XVIIIe siècle. Manuscrit. — 348.

Plan d'Auxonne, par Antoine, 1760. — 355.

Plan de Barèges, (par Pasumot, 1789). — 338.

Carte des vallées de Barège, de Cauterets et de Campan, (par Pasumot, 1789). — 339.

Carte de la vallée de Bastan, par F. Pasumot; 1789. — 334.

Plan des ville, citadelle et château de Bayonne. XVIIIe siècle. Manuscrit. — 144.

Plan relief du château et des jardins de Bellevue-

Meudon, exécuté par Le Roy, ingénieur et pensionnaire de Sa Majesté, 1777. — 127.

Description du pays Blaisois : « Joannes Temporarius faciebat. » *Tours, chez Maurice Bouguerauld.* 1591. — 306.

Plan du port de Boulogne, par Desorgeries; 8 avril 1725. Manuscrit. — 152.

Plan de la ville, du port et de l'arsenal de Brest, 1er juillet 1771 ; signé Choquet. — 89.

L'ingénieur Choquet de Lindu a construit la plus grande partie des bâtiments de la marine à Brest.

Plan du port de Brest, par A. Chevalier, 1773. — 190.

Le cadre est aux armes de M. de Boignes, ministre de la marine.

Carte topographique de tous les bois de la Brie. où sont tracées les routes ouvertes par ordre du Roi par J. Renard et F. Chaillou, 1762. — 204.

Gravé par Dupain-Triel.

Description de la frontière de France depuis Calais jusques à Langres (avant le traité des Pyrénées 1659). Manuscrit. — 318.

Carte de la forêt de Carnelle appartenant à S. A. R. le prince de Conti ; gravé par Delahaye. XVIIIe siècle. — 341.

Cours de la Charente depuis le port de Lomé jusqu'à son embouchure. XVIIIe siècle. Manuscrit. — 136.

Carte en relief du pays traversé par le canal de Charollais ; par Gauthey, 1784. Relief. — 185.

Canal de communication des mers par le Charollais joignant la Loire à la Saône, le long des rivières de Bourbince, de Dheune et de Thalie, par Gauthey, 1782. — 319.

Plan du port de Cherbourg par Louis XVI. Manuscrit. — 409.

Plan de Collioures et dépendances, signé : « Le 20 septembre 1824, le lieutenant d'artillerie Lair. » — 105.

Les courbes d'altitude sont indiquées.

Comtat Venaissin par Étienne Ghebellini, XVIe siècle. — 320.

Dieppe, par Jacques Gomboust, milieu du XVIIe siècle. — 128.

Plan du port et de la ville de Dieppe, dessiné par Percier, 1819. Manuscrit. — 251.

Département du Doubs, 1/80 000, 1842. — 400.

Vue perspective de la jetée et de la ville de Dunkerque du côté de la mer. Commencement du XVIIIe siècle. Manuscrit. — 10.

Plan de la ville de Fîmes, XVIIIe siècle. Manuscrit. — 276.

Flandres, Artois, Picardie, etc. Recueil factice de cartes et plans manuscrits. Commencement du XVIIIe siècle. — 217.

Flandres ; carte gravée par Peter Ver Bist, 1645. — 132.

Avec vues de villes et costumes.

Plan de Fontainebleau et de la partie voisine de la forêt. Manuscrit, datant du premier Empire, arraché aux flammes des Tuileries en mai 1871. — 52.

Carte de la forêt de Fontainebleau. *Paris, Denis et Pasquier*, 1764. — 468.

Potamographie de Garonne et des fleuves qui se rendent dedans. Joannes Tardo delineabat. *Paris, chez J. Le Clerc*, 1628. — 307.

La Capitainerie générale de Halatte, par Jacques Dubois, 1723. Manuscrit. — 168.

Plan de la ville et des environs de Honfleur, XVIIIe siècle. Manuscrit. — 328.

L'Isle de France (vers 1590). — 278.
Extrait de l'Atlas publié à Tours par Bouguerauld.

L'Isle de France, par François de La Hoeye. *Paris, J. Leclerc*, commencement du XVIIe siècle. — 302.

Carte de partie du Languedoc, frontières de Roussillon, par Roussel, XVIIIe siècle. Manuscrit. — 265.

Carte de la partie de Languedoc, du comté de Foix et du pays de Saut, par Roussel, 1722. Manuscrit. — 266.

Carte de la province de Lille. *Paris, chez Jollain*, XVIIe siècle. — 342.

Carte de la Limagne d'Auvergne inscrite dans un cercle. XVIe siècle. — 158.

Carte générale de l'Isle-Adam et dépendances appartenant à S. A. S. le prince de Conti; gravé par De La Haye, XVIIIe siècle. — 340.

Carte du cours de la Loire, d'Orléans à Gien, XVIIIe siècle. Manuscrit. — 81.

Carte des pays de Lorraine, Luxembourg, Champagne, Brie, Picardie, l'Isle de France, duché d'Orléanais, Gastinais, Senonais, Auxerrois, dessiné par Jean Jubrien, de Chalons en Champagne, 1635. Manuscrit sur parchemin. — 50.

Plan de la ville et des environs de Louviers. XVIIIe siècle. Manuscrit. — 322.

Plan des parc et forêt de Marly, dessiné par Alexandre Le Moine, 1723. Manuscrit. — 25.

Plan de Metz, par Jacques Gomboust (vers 1660). — 327.

Environs de Metz 1/10 000. Plan-relief avec courbes de plus grande pente comprises entre les lignes de niveau équidistantes de 10 mètres, vers 1858, par Bardin. — 56.

Environs de Metz 1/10 000. Plan-relief avec courbes de niveau équidistantes de 2 mètres, vers 1858, par Bardin. — 58.

Environs de Metz 1/10 000. Plan-relief avec cotes d'altitude pour l'étude du figuré d'après un plan-relief, par Bardin. — 59.

Environs de Metz 1/10 000. Plan-relief lavé par teintes conventionnelles avec courbes de niveau équidistantes de 10 mètres, vers 1858, par Bardin. — 54.

Environs de Metz 1/10 000. Plan-relief à l'effet (lumière oblique) avec cotes d'altitude, vers 1858, par Bardin. — 55.

Mont-Blanc, par Kummer. Relief. — 57.

Plan-relief du col du Mont-Cenis. — 358.

Plan de Nancy, avec les changements que le roi de Pologne, duc de Lorraine et de Bar, y a faits. — *Paris, Desnos.* — 104.

Plan de Paris par Gomboust, 1652. — 19.
Édition originale.

Plan de Paris. *Paris, G. Monbard,* 1694. — 23.

Carte topographique de la paroisse et de l'abbaye de Montmartre rapportée à l'époque actuelle, année 1858, par M. Carles, conducteur des travaux de la ville de Paris. Manuscrit. — 219.
Don de M. Carles.

Environs de Paris, par l'abbé de La Grive, 1740. — 271.

Topographie des environs de Paris, par dom Coutans, fin du XVIIIe siècle. — 255.
Avec deux tableaux d'assemblage manuscrits, et deux tirages différents de la 2e feuille.

Feuille I de l'itinéraire de Paris à Reims, par dom Coutans. Manuscrit. — 50 *bis*.
Cet itinéraire a été gravé en 1775 sous le titre de : Description de la grande route de Paris à Reims, in-4°.

Environs de Paris. — *Venise, A. Zatta,* 1776. — 143.

Carte topographique du domaine de Petit-Bourg et de ses environs, par Alexis Donnet, 1836. Manuscrit. — 24 *bis*.

Carte de Picardie, par J. Surhonius. *Tours, Bouguerauld,* 1592. — 352.

Carte des 36 paroisses dont la capitainerie générale garde-côte de Portbail et Carteret est composée, XVIIIe siècle. Manuscrit. — 331.

Plan de Port-Vendres, par le capitaine d'artillerie Lair, 29 décembre 1825. Manuscrit. — 153.

Nivellement des Pyrénées, (par Pasumot, 1789). — 337.

Carte du cours du Rhône de Lyon à Arles, XVIIIe siècle. Manuscrit. — 210.

Carte d'une partie du cours du Rhône, de Lyon à Arles, août 1738. Manuscrit. — 208.

Saint-Laurent sur le Var. Signé P. Lemière, XVIIIe siècle. Manuscrit. — 67.

Duché de Savoie par P. Forlani. *Venise, F. Berteli,* 1662. — 310.

Carte pour le règlement des frontières, dressée par les commissaires de la France et de la Savoie : Nègre et Audibert, 1716. Manuscrit. — 76.

Document intéressant l'histoire diplomatique.

Tableau topographique de la forêt de Senart, dédié et présenté à Monsieur par dom G. Coutans, bénédictin (fin du XVIIIe siècle). — 26.

Plan de Soissons et des environs, par le lieut. d'artillerie Pirain, 30 septembre 1825. Manuscrit. — 27

Plan de la ville et des fortifications de Valenciennes, XVIIIe siècle. — 198.

Description du pays de Valois, par Damien de Templeux, sieur de Frestoy (1591). — 315.
Extrait de l'Atlas de Bouguerauld.

Feuille I de l'Itinéraire de Versailles à Bouron pour le mariage du comte de Provence. Manuscrit. — 50 *ter*.

Cet itinéraire est resté inédit. — Consulter sur dom Coutans une notice de M. G. Marcel, *Bulletin de géographie historique et descriptive*, 1888, n° 1.

Topographie en relief de la rade de Villefranche près de Nice, par M. Garcia. — 60.

Lever de Villefranche et des environs, fait à Villefranche, le 23 août 1824, par le lieut. d'artillerie J. Babled. Manuscrit. — 13.

Plan de Vitry-le-François, par C. de Battelier, 1766. Manuscrit. — 72.

GRÈCE ET TURQUIE

Plan d'Athènes, pour le voyage de Pausanias par le citoyen Barbié de la Bibliothèque nationale. Thermidor l'an II de la République française une et indivisible. Manuscrit. — 15.

Cette pièce, ainsi que les nos 11, 16 et 17, est remarquable par l'habileté de main de l'auteur.

Athènes et ses environs, par Fauvel. Relief. — 181.

Plan des environs d'Athènes, pour le Voyage du jeune Anacharsis, par M. Barbié du Bocage, septembre 1785-mars 1798. Manuscrit. — 11.

Plan du golfe de Bourgas, dessiné par P. Lapie, 1808. Manuscrit. — 308.

Plan de Constantinople, XVIe siècle. — 6.

Rade de Navarin, par Al. Ch. Besson. Manuscrit. — 349.

Exposé au Salon de l'an VIII sous le no 31.

Carte de la plaine de Sparte et d'Amyclée, levée par Fauvel. Commencement du XIXe siècle. Manuscrit. — 12.

ITALIE

La Carte d'Italie, par Toussaint Denis. — 99. Gravure sur bois, XVIe siècle.

Italie. *Venise, Ferrando Bertelli*, 1565. — 249.

Italie, d'après Gastaldi; publiée à Venise par Donato Rascioti le 1er décembre 1599. — 118.

Italia di Gio. Ant. Magini data in luce da Fabio suo figliuolo. *Bononiæ,* 1620, in-fol. — 365.

Italie septentrionale, par J. Thevenet et J. Franceschi. Relief. — 192.

Carte du territoire de Brescia, par Sébastien d'Aragona, 1571. — 91.

Carte du royaume de Naples, par Pyrrho Ligorio. *Rome, M. Tramezini,* 1558. — 232.

Carte du Piémont, « imprimée et dépaincte en Anvers p. Iherosme Cock au mois de mars 1552 ». — 201.

Carte de la Toscane, dédiée à S. A. Marie-Madeleine, archiduchesse d'Autriche et grande princesse de

Toscane, par Aloisio Rosaccio. *Florence*, 1608.— 47.

Le Mont Etna, par Élie de Beaumont, 1835. Relief. — 33.

Plan de Mantoue, dédié au général Mathieu Dumas par le citoyen Carrière, volontaire à cheval, ci-devant adjoint surnuméraire au corps du génie. Manuscrit. — 1.

Pèlerinage du Monte d'Oro (1775) par Alex. Ch. Besson. — 347.

Manuscrit exposé au Salon de l'an VIII sous le nº 31.

La Route de Rome de mille en mille; carte allemande gravée sur bois, commencement du XVIe siècle. — 162.

La Section géographique possède une seconde édition de ce curieux itinéraire.

Plan de Rome, par Gianbattista Nolli, XVIIIe siècle. — 84.

Plan de Turin. Commencement du XVIIIe siècle. Manuscrit. — 354.

Carte de la Valteline. *Paris, M. Tavernier*, XVIIe siècle. — 305.

Carte des vallées des Vaudois ou Barbets en Piémont, XVIIe siècle. — 275.

Vésuve, par Dufrénoy. Relief. — 39.

Plan de Vicovaro, « Sebastianus f. », 1557. — 294.

MÉDITERRANÉE

Carte de la mer Noire, de la Méditerranée et d'une partie de l'Atlantique, par P. Plancius, fin du XVIe siècle. — 102.

Bechriven door Wilhelm Barentsoen.

Plans et vues des places que les princes mahométans possèdent. Manuscrits, XVIIe siècle. — 236.

Précieux recueil de plans et vues d'Égypte, de Syrie et de Palestine, recueillis au cours de la mission du *Jason*, commandant Gravier d'Ortières, 1685-1687.

L'île de Chypre. *Rome*, 1560. — 313.

Carte italienne de l'île de Corfou, signée : P. S. 1537. — 175.

Plan de la ville de Corfou, par Hermann, 28 février 1818. Manuscrit. — 108.

Vue perspective de la ville de Corfou, par Hermann, 30 mars 1817. Manuscrit. — 109.

L'Ile de Crète. *Rome*, 1559. — 279.

Plan de La Valette à Malte, par Ant. Fr. Lucini et Nicolo Allegri, XVIIe siècle. — 148.

Ile de Porquerolles, par Bardin. Relief. — 37.

Ile de Porquerolles, par Bardin. Relief. — 38.

PAYS-BAS ET BELGIQUE

Carte de Hollande. M. Tramezini, 1558. — 281.

Carte du Brabant, publiée par Michel Tramezini, 1558. — 336.

Les dix-sept provinces de la Basse Allemagne. *Amsterdam, F. de Witt,* 1659. — 140.

Provinces unies des Pays-Bas, par le P. Coronelli. *Paris, I. B. Nolin*, fin du XVIIe siècle. — 100.

Esquisse d'une carte d'une partie des Pays-Bas, par d'Anville, avec envoi autographe à Crévier. Manuscrit. — 329.

Carte du pays de Liège, publiée par Gerardt Altzenbach, 1627. — 2.

Carte d'une partie de la Meuse et de la Moselle, XVIIIe siècle. Manuscrit. — 209.

Carte du cours de la Meuse avec nombre de plans particuliers depuis Mézières jusqu'à Namur. « Fait à Mézières au mois d'octobre 1734, par le sieur Pierre Masse ». Manuscrit. — 101.

Les autres cartes de Masse, habile ingénieur du roi, sont restées manuscrites ; elles se trouvent à Nancy et à La Rochelle. Consulter la notice de M. Meschinet de Richemond : « Une famille d'ingénieurs-géographes. »

Vue panoramique de Bruxelles, par A. Santvoort, dédiée à Philippe IV. — 167.

Plan de Dinant sur la Meuse, démoli en 1704. Manuscrit. — 169.

Plan de La Haye, 1682, par C. Elandts. *Amsterdam, chez C. Allard.* — 24.

Plan de Menin, fait à Metz le 29 septembre 1738, signé Barronwicz. Manuscrit. — 20.

Plan de Rotterdam. *Amsterdam, J. Allard,* fin du XVIIe siècle. — 4.

Forêt de Soignes par Antoine Sander de Gand, dédié à Philippe IV, roi d'Espagne. — 129.

SUISSE

Suisse, par Ant. Salamanca. *Rome*, 1555, gravé par « Jacobus Bossius Belga. » — 235.

Suisse, Alsace et régions voisines; fin du XVIe siècle. — 282.

La Suisse, par P. Du Val. *Paris*, 1686. — 250.

Principauté de Neuchâtel. Relief. — 268.

Route du Simplon, par L. Gaudin. Relief. — 34.

RUSSIE ET PAYS SCANDINAVES

Carte de la Moscovie par Giacomo Gastaldo, 1566. — 250 *bis*.

Carte du N.-O. de la Russie, XVIe siècle. — 241 *bis*.

Carte de la Russie par Nicolas Piscator (Visscher), 1634. — 242 (3).

Carte de Moscovie par Guillaume de l'Isle, 1706, 2 feuilles. — 242 (5).

Carte de la Grande-Russie par Du Val. *Paris, P. Mariette,* XVIIe siècle. — 242 (6).

Carte de la mer Caspienne, dite de Pierre le Grand, par Carl von Werden. Saint-Pétersbourg, 1721. Manuscrit. — 187.

En russe, avec une traduction par l'abbé Girard, 1728. — Don de Pierre le Grand à la Bibliothèque du Roi.

Cours du Volga, 1659. — 242 (4).

Carte des pays scandinaves. *Rome, par Ant. Lafreri Sequanais,* 1572. — 46.

Islande par Arnold Mercator, 1558. — 316.

CARTES MILITAIRES

Théâtre de la guerre entre les princes de Valachie et voïvode de Transylvanie et les Turcs et les Tartares, 1595. — 165.

Carte allemande.

Atlas de sièges et de batailles par divers auteurs, XVIe et XVIIe siècles. — 254.

Recueil de plans de batailles et de sièges par Sébastien de Pontaut, seigneur de Beaulieu, avec les portraits de l'auteur par Pesne, et du prince de Condé par Mignard. Milieu du XVIIe siècle, 2 volumes gr. in-fol. — 218.

Alger bombardé par une flotte espagnole (1783). Manuscrit. — 189.

Plan à vol d'oiseau, en anglais, de la bataille d'Arques et du siège de Dieppe, 1589. — 106.

Pièce curieuse pour l'histoire de l'imagerie.

Plan de la bataille d'Austerlitz, 2 décembre 1805, signé : « Le capitaine du génie Calmet-Beauvoisin. » Manuscrit. — 43.

Boulogne assiégée par le roi de France, 1550. — 145.

Marches et campements de l'armée française en Flandres pendant l'année 1674. Relation manuscrite, avec d'innombrables plans et cartes manuscrits, 4 vol. in-4 maroquin rouge aux armes du roi. — 216.

Siège de la ville de Harlem. *Rome, Ant. Lafreri,* 1573. — 285.

Siège de Harlem par les Espagnols en 1573. *Anvers, gravé par Philippe Galle.* — 303.

Environs de Mahé avec les attaques de Bayanor, souverain dudit lieu, 1726. Manuscrit. — 170.

Plan italien de Metz, avec indication des travaux du siège de 1552. — 114.

Plan du siège de Metz en 1552. — *Paris, imp. de Ch. Estienne.* — 122.

Avec description imprimée au-dessous.

Griffonnement du plan du siège de la ville et château de Mirabel en Vivarais, juin 1628. Signé : « Beins, ingénieur et aide de camp. » — 199.

Ce Beins doit être l'auteur de la carte du Dauphiné : Jacques de Beins.

Plan et siège d'Orbetello (1646). — Manuscrit. — 325.

Plan du siège d'Orbetello. *Rome, Fr. Collignon* (1646). — 326.

Siège de Poitiers, 1569. — 156.

Carte italienne reproduite à Poitiers par Létang.

Plan de la ville et des environs de Pondichéry, levé lors du siège de cette ville par les Anglais en 1778. — 293.

Carte de la retraite de Prague à Egra par le maréchal duc de Belle-Isle, 1742. Manuscrit. — 110.

Plaine où s'est donnée la bataille de Rocroy gagnée par le prince de Condé le 19 mai 1643. Manuscrit. — 343.

Plan des attaques de Saint-Sébastien, 1719. Manuscrit. — 314.

Plan du combat de Salamine, pour le *Voyage du jeune Anacharsis* par M. Barbié du Bocage, mars 1785, septembre 1797. Manuscrit. — 16.

Tripoli de Barbarie, lors du bombardement, par M. de Grandpré en 1728. Manuscrit. — 154.

Vue perspective des fortifications et de l'attaque de Vienne par les Turcs, 1683. *Amsterdam, chez Jan Bouman.* — 280.

Paris. — Typ. G. Chamerot, 19, rue des Saints-Pères. — 24535.

www.ingramcontent.com/pod-product-compliance
Ingram Content Group UK Ltd.
Pitfield, Milton Keynes, MK11 3LW, UK
UKHW012102240726
13965UKWH00004B/1476